BEI GRIN MACHT SICH IHR WISSEN BEZAHLT

- Wir veröffentlichen Ihre Hausarbeit, Bachelor- und Masterarbeit

- Ihr eigenes eBook und Buch - weltweit in allen wichtigen Shops

- Verdienen Sie an jedem Verkauf

Jetzt bei www.GRIN.com hochladen und kostenlos publizieren

Bibliografische Information der Deutschen Nationalbibliothek:

Die Deutsche Bibliothek verzeichnet diese Publikation in der Deutschen Nationalbibliografie; detaillierte bibliografische Daten sind im Internet über http://dnb.d-nb.de/ abrufbar.

Dieses Werk sowie alle darin enthaltenen einzelnen Beiträge und Abbildungen sind urheberrechtlich geschützt. Jede Verwertung, die nicht ausdrücklich vom Urheberrechtsschutz zugelassen ist, bedarf der vorherigen Zustimmung des Verlages. Das gilt insbesondere für Vervielfältigungen, Bearbeitungen, Übersetzungen, Mikroverfilmungen, Auswertungen durch Datenbanken und für die Einspeicherung und Verarbeitung in elektronische Systeme. Alle Rechte, auch die des auszugsweisen Nachdrucks, der fotomechanischen Wiedergabe (einschließlich Mikrokopie) sowie der Auswertung durch Datenbanken oder ähnliche Einrichtungen, vorbehalten.

Impressum:

Copyright © 2016 GRIN Verlag, Open Publishing GmbH
Druck und Bindung: Books on Demand GmbH, Norderstedt Germany
ISBN: 9783668515451

Dieses Buch bei GRIN:

http://www.grin.com/de/e-book/374210/warum-konstantin-maximians-tochter-fausta-heiratete-der-sohn-des-schwiegersohnes

Winfried Kumpitsch

**Warum Konstantin Maximians Tochter Fausta heiratete.
Der Sohn des Schwiegersohnes wird zum Schwiegersohn**

GRIN Verlag

GRIN - Your knowledge has value

Der GRIN Verlag publiziert seit 1998 wissenschaftliche Arbeiten von Studenten, Hochschullehrern und anderen Akademikern als eBook und gedrucktes Buch. Die Verlagswebsite www.grin.com ist die ideale Plattform zur Veröffentlichung von Hausarbeiten, Abschlussarbeiten, wissenschaftlichen Aufsätzen, Dissertationen und Fachbüchern.

Besuchen Sie uns im Internet:

http://www.grin.com/

http://www.facebook.com/grincom

http://www.twitter.com/grin_com

Warum Konstantin Maximian´s Tochter Fausta heiratete.
Der Sohn des Schwiegersohnes wird zum Schwiegersohn.
(Referat)

Einleitung 2

I Rücktritt Maximians, Proklamation Konstantins... 2

II. Die Erhebung des Maxentius und die Rückkehr Maximians 4

III. Drei Chronologien. Drei Geschichten. 5

IV. Heirat Konstantins mit Fausta... 7

Resümee 9

Bibliographie 10

    Quellen 10

    Literatur 10

Einleitung

Im Frühjahr des Jahres 307 n. Chr. heiratete Konstantin, der Sohn des Constantius Chlorus, nicht nur Fausta, die Tochter seines Adoptivgroßvaters Maximian, sondern wurde auch noch von diesem adoptiert. Die folgende Arbeit will die, dieser Heirat, vorausgehenden Ereignisse nicht nur wiedergeben, sondern auch dazu nutzen zu versuchen einen kleinen Einblick in die Beweggründe der beiden Hauptakteure, Konstantin und Maximian, zu gewinnen. Die Ereigniskette, die schließlich zu dieser politischen Allianz führte, begann aber bereits mit dem Rücktritt der beiden Augusti Maximian und Diocletian.

I Rücktritt Maximians, Proklamation Konstantins

Am 1. Mai 305 n. Chr. erfolgte der Rücktritt von Maximian und Diocletian der von den kaiserlichen Münzstätten mit den *Providentia Deorum Quies Augusti* Prägungen und noch von den Panegyrikern 307 und 310 n. Chr. als geplanter Akt propagiert wurde.[1] Dieser offiziellen Propaganda entgegenlaufend gibt es auch andere antike Erklärungen für den Rücktritt.[2] Aber auch die wissenschaftlichen Werke sind sich, nicht zuletzt aufgrund der späteren Wirren, darin uneins ob und wenn ja wann der Beschluss zum Rücktritt gefasst wurde.[3] Dass Maximian nur unwillig zurücktrat legt zumindest der Anonymus von 307 n. Chr. nahe, da er berichtet, Maximian sei nur auf Zurede des kränkelnden Diocletian zurückgetreten.[4]

Wie dem auch sei, dem tetrarchischen System gemäß wurden nun die beiden Caesares Galerius und Constantius zu neuen Augusti, zu deren neue Caesares wurden im Westen Flavius Valerius Severus und im Osten Maximinus Daia, ein Neffe des Galerius.

Da sowohl Daia als auch Severus aus dem Umfeld des Galerius stammten vermutet Schmitt, dass dieser mit Constantius eine Abmachung bezüglich der Einbindung seines ältesten Sohnes in das Herrschaftssystem getroffen habe und dafür Galerius Zugeständnisse bei der

---

[1] Paneg. VII/6 9,2; Paneg. VI/7 15,3-6; Auch wenn hier die Planung des Rücktrittes eher durch die Umstände als durch den Willensakt veranlasst wird. Frank Kolb: *Diocletian und die erste Tetrarchie. Improvisation oder Experiment in der Organisation monarchischer Herrschaft?* Berlin, 1987 S. 150.
[2] S.d. Kolb, 1987 S. 128-129.
[3] Oliver Schmitt: Constantin der Große (275-337). Leben und Herrschaft. Stuttgart, 2007 S. 63-64; Jörn Kobes: Maximian. In: Manfred Clauss (Hrgs.): *Die römischen Kaiser*. München, 1997 S. 275; Für einen umfassenden Überblick über die tetrarchische Regelung und die Nachfolgeüberlegungen siehe: Frank Kolb: *Herrscherideologie* in der *Spätantike*. Berlin, 2001 S. 128-158.
[4] Paneg. VII/6 9,3-5.

Machtverteilung gemacht habe.[5] Darum sei Konstantin auch 305 n. Chr. zu seinem Vater gekommen.

Die, zumeist auf Lactanz basierenden Historiographen vermitteln hingegen das Bild einer Flucht Konstantins, oder zumindest widerwilligen Reiseerlaubnis durch Galerius und berichten, dass Konstantin nur durch Glück bzw. göttliche Vorsehung seinen Vater entweder vor dessen Aufbruch[6] oder vor dessen Tod in Eboracum erreicht habe.[7]

Unbezweifelt aber ist die Tatsache, dass Konstantin am 25./26. Juli 306 n. Chr. in Eboracum sich zum Herrscher ausrufen hat lassen, die Quellen sprechen zumeist vom Augustus-, in der modernen Forschung wird mittlerweile aber vom Caesartitel gesprochen. Erstaunlicherweise mobilisierten aber weder Galerius, noch Severus ihre Truppen als sie von Konstantin über seine Proklamation unterrichtet wurden, ja Severus nahm Konstantin als seinen Caesar an! Dies ist insofern verwunderlich als es eigentlich Severus, dem neuen Augustus des Westens, zugestanden hätte seinen Caesar auszusuchen und nicht den Legionen des verstorbenen Constantius. Konstantin war nun offiziell in das tetrarchische System eingebunden.

Dadurch aber wird die oben erwähnte These Schmitts, über eine Absprache zwischen Constanius und Galerius[8] unterstützt. Wenn diese vermutete Absprache Realität ist, und wenn, wie Schmitt behauptet, auch Diocletian an dieser Abmachung beteiligt war, wäre bereits mit dem Ende der Ersten Tetrarchie das tetrarchische System durch das dynastische Prinzip, von seinem Begründer selbst, durchbrochen worden![9] Und wenn die Herrschaftsregelung des Diocletian eines deutlich macht, dann dass Diocletian dem blutsdynastischem Prinzip abgeneigt gegenüber stand.[10]

Außerdem ist wie bei allen Theorien die Beweisbarkeit das größte Problem. Und konkrete Beweise sind es eben die Schmitt fehlen, sodass seine ganze Theorie nur zu einem Indizienprozess führt. Auch wenn die Indizien, zumindest für eine Absprache zwischen Constantius und Galerius, aber ohne Diocletian, einiges an Wahrscheinlichkeit beinhalten.

---

[5] Schmitt, 2007 S. 95-101; Hingegen Klaus Rosen: *Konstantin der Große. Kaiser zwischen Machtpolitik und Religion.* Suttgart, 2013.S. 76-77 geht mit der antiken Überlieferung, besonders Lactanz, konform, dass eigentlich alle, auch Konstantin selbst, mit Konstantin als Caesar gerechnet hätten. Inkonsequenterweise stellt Rosen aber die These über „[...] Galeriu´s heimliches Bemühen, vorweg die Offiziere für die Neuregelung zu gewinnen." (S. 76) auf. Wenn denn wirklich erst auf Bemühungen des Galerius der Severus vorgezogen wurde und dazu zuerst die Zustimmung der Offiziere gewonnen wurde, dann hätte Konstantin davon erfahren müssen und er, als sein Vater hätten entsprechende Schritte dagegen unternehmen können!
[6] Paneg. VI/7 7,5.
[7] Aur. Vic. Caes 40, 3.
[8] Schmitt, 2007 S. 100-101; 105-106.
[9] Schmitt, 2007 S. 107.
[10] Kolb, 1987 S. 142.

II. Die Erhebung des Maxentius und die Rückkehr Maximians

Wie wir gesehen haben, hatte die Machergreifung Konstantins keine Schwächung des Reiches durch einen Bürgerkrieg zur Folge. Im Oktober desselben Jahres sollte es aber zu einem solchen kommen.

Am 29. Oktober 306 n. Chr. lies sich der Sohn des Maximian, Maxentius, der bis dahin mit seiner Frau Valeria Maximilla, der Tochter des Galerius, als Privatmann gelebt hatte, von den Prätorianern, den Stadtkohorten, der Legio II Parthica und im Namen von Senat und Volk von Rom zum Princeps ausrufen.[11] Angeblich hatte die Proklamation Konstantins und die geplante Besteuerung Roms und eine weitere Verkleinerung der Prätorianer durch Galerius diesen Aufstand provoziert.[12]

Bald nahm auch Maximian, den Purpur wieder auf, und es ist Schmitt folgend anzunehmen, dass er bereits bei der Erhebung seinen Einfluss zugunsten seines Sohnes wirken hatte lassen.[13]

Severus kam nun mit seinem Heer aus Pannonien herbei, und musste vor Rom angekommen feststellen, dass das Gros seiner Truppen bereit war, zu ihrem ehemaligen Feldherrn Maximian, überzuwechseln. Als er sich daraufhin, mit dem ihm verbliebenen loyalen Truppenteilen, nach Ravenna zurückzog, wurde er von Maximian, der inzwischen den Purpur genommen hatte, gefangen genommen. Ob durch List oder auf freien Entschluss, darüber sind sich die Quellen uneinig.

Nach der Niederlage bzw. Gefangennahme des Severus und der Selbsterhebung des Maxentius zum Augustus, eilte nun Galerius nach Italien. Falls Severus gefangengenommen und als Verhandlungspfand gehalten wurde, ist es vermutlich richtig, mit Schmitt anzunehmen, dass als klar wurde, dass Galerius keine Verhandlungen führen würde, Severus beseitigt wurde.[14]

Konstantin war, wenn man dem Anonymus von 307 n. Chr. glauben darf, mit der erfolgreichen Bekämpfung fränkischer Plünderer beschäftigt, schien aber auch keine Hilfsaufforderung von Severus oder Galerius erhalten zu haben.[15]

---

[11] Aur. Vic. 40, 5.
[12] Rosen, 2013 S. 107.
[13] Schmitt, 2007 S. 109-110.
[14] Schmitt, 2007 S. 112.
[15] Schmitt, 2007 S. 118-119; Wie Schmitt richtig ausführt gestaltet sich die Erstellung einer Chronologie, für diesen kurzen Zeitraum, aufgrund der Quellenlage äußerst kompliziert.

Da für die Beurteilung der nun kommenden Ereignisse die Chronologie eine außerordentlich große Rolle spielt sollen nun kurz drei Chronologiekonzepte vorgestellt werden.

III. Drei Chronologien. Drei Geschichten.

Zuerst die gängige Chronologie am Beispiel Elisabeth Herrmann-Otto:

Maximian reist nach dem Rückzug des Galerius zu Konstantin, der sich während der ganzen Angelegenheit neutral verhalten hatte, nach Trier. Dort kommt es nicht nur zur Adoption durch Maximian und dem Eheschluss mit Tochter Fausta sondern auch zu beidseitiger Augustusernennung. Nach der Rückkehr des Maximian von Trier tritt ein Zerwürfnis mit Maxentius ein und Maximian muss nach Trier fliehen. [16] Auf der Kaiserkonferenz zu Carnuntum wird am 18. 11. 308 n. Chr. Licinius zum Augustus des Westens ernannt.[17]

Dieser Chronologie zufolge wäre folgende These möglich: Nachdem Severus als Augustus im Westen verstorben war, wollte Konstantin natürlich zum neuen Augustus ernannt werden. Da von Galerius bis Herbst 307 n. Chr. aber keine derartige Nachricht bei Konstantin eingetroffen war, sah dieser sich nach einem anderen Weg zum "legalen" Augustustitel um.

Die Alternative fand er in Maximian der als Gegenleistung für den Augustustitel, die Anerkennung der eigenen Autorität forderte. Die Heirat mit Fausta, und die Adoption durch Maximian war dann einerseits der tetrarchischen Tradition geschuldet, andererseits übliches Mittel zur Bildung politischer Allianzen.

Nun hätte man erwarten dürfen, oder wenn man Galerius war, befürchten müssen, dass Konstantin seinen Schwager und Adoptivbruder Maxentius zu seinem Caesar ernennen würde. Diesem Plan machte aber einerseits der Ehrgeiz des Maxentius einen Strich durch die Rechnung, denn dieser dachte gar nicht daran sich dem etwa gleich alten Konstantin als Caesar unterzuordnen weshalb es zum Bruch zwischen Vater und Sohn kam. Andererseits unterband das von Galerius initiierte Kaisertreffen von Carnuntum auf dem Licinius von Diocletian adoptiert und zum Augustus erhoben wurde jedes weitere bemühen um eine Einigung.[18]

Das Hauptproblem bei dieser Chronologie ist zu erklären warum Konstantin sich mit Maximian einließ wo er doch seiner Augustusernennung sicher sein konnte. Denn man kann

---

[16] Elisabeth Herrmann-Otto: *Konstantin der Große*. Darmstadt, 2007 S. 29.
[17] Herrmann-Otto, 2007 S. 30; Rosen, 2013 S. 111; Dieser Datierung schließt sich auch Heinrich Chantraine: Die Erhebung des Licinius zum Augustus. In: *Hermes*. Bd. 110 1982 S 478 an.; Aur. Vic. Caes. 40, 8; Eutrop. 10, 4,1; Anon. Vales. I, 13; Oros. 7, 28,11.
[18] Chantraine, 1982 S. 484-485.

wohl kaum annehmen, dass Konstantin Galerius nach seinem Rückzug aus Italien als politisch geschlagen angesehen haben kann, immerhin verfügte er immer noch über sein gesamtes Reichsgebiet und seinen Caesar!

Eine etwas abweichende Chronologie bietet Schmitt:

Maximian reiste, nachdem er Rom auf eine eventuelle Belagerung durch Galerius vorbereitet hatte, vermutlich noch Ende 306 n. Chr. nach Trier wo er 307 n. Chr. ankam und mit Konstantin zunächst erfolglos verhandelte.[19]

Nachdem Galerius 307 n. Chr. unverrichteter Dinge aus Italien abziehen musste kam es zwischen Maxentius und dem zurückgekehrten Maximian zu Spannungen über die Frage der Hierarchie. Im Zuge dieses Zerwürfnisses ging Maximian erneut zu Konstantin, der wegen der am 18. 11. 307 n. Chr. erfolgten Ernennung des Licinius zum Augustus des Westens[20] verstimmt war, und daher in die Adoption durch Maximian, in die Hochzeit mit Maximians Tochter Fausta und in die gegenseitige Anerkennung als Augustus einwilligte.

Dieser Chronologie zufolge wäre folgende These möglich: Nachdem Severus als Augustus im Westen verstorben war, wollte Konstantin natürlich zum neuen Augustus ernannt werden. Da von Galerius aber keine derartige Nachricht bei Konstantin eingetroffen war, warnte Konstantin Galerius, dadurch dass er Maximian empfing, davor ihn zu übergehen.

Nachdem Galerius aus Italien sich schmählich hatte zurückziehen müssen, ernannte dieser, aus uns unbekannten Gründen, den Licinius zum Augustus des Westens, was 308 n. Chr. auf der Kaiserkonferenz in Carnuntum bestätigt wurde.[21] Konstantin dürfte darüber wenig erfreut gewesen sein, weshalb es ihm zugute kam, dass sich Maximian mit seinem Sohn Maxentius über die Frage der Seniorität dermaßen zerstritt, dass er aus Rom fliehen musste. Ob Konstantin nun Maximian zu sich lud oder ob Maximian von selber kam ist dabei nebensächlich, wichtig ist nur, dass Maximian für Konstantin einen Weg zum "legalen" Augustustitel bedeutete. Als Gegenleistung für den Augustustitel, forderte Maximian die Anerkennung der Seniorität seiner Person. Die Heirat mit Fausta, und die Adoption durch Maximian war dann einerseits der tetrarchischen Tradition geschuldet, andererseits übliches Mittel zur Bildung politischer Allianzen.

---

[19] Schmitt, 2007 S. 113; 118-119.
[20] Schmitt, 2007 S. 121. Auffallend ist, dass Schmitt nur das Jahr verändert, das restliche Datum ist ident mit der Kaiserkonferenz von Carnuntum.
[21] Schmitt, 2007 S. 128.

Das Hauptproblem dieser Chronologie ist warum Galerius es vorzog Konstantin vor den Kopf und in die Arme des Maximian zu stoßen? Denn Galerius konnte wohl kaum annehmen, dass ein Caesar es einfach so hinnehmen würde übergangen zu werden.

In jeder Hinsicht problematisch ist die Chronologie Rosens:

Laut dieser sei Maximian, noch während des Italienzuges des Galerius, zu Konstantin gegangen und hätte diesen zu einem Bündnis bewegt. In der Hoffnung Konstantin werde gegen Galerius marschieren, habe Maximian Konstantin mit seiner Tochter Fausta verheiratet, adoptiert und zum Augustus erhoben. Da Konstantin aber nicht daran dachte militärisch aktiv zu werden, sei Maximian zurück nach Italien gegangen, wo inzwischen Maxentius gesiegt hatte und es zum Streit zwischen Vater und Sohn kam, woraufhin Maximian zurück zu Konstantin ging.[22] Das einzig interessante Argument Rosen's hierfür ist eine Aureus Prägung aus Ticinium die laut RIC in den Zeitraum Herbst 307-309/10 n. Chr. datiert wird.[23] Allerdings könnte diese Prägung genauso gut ein Versuch des Maxentius gewesen sein, Konstantin zu einer Allianz zu bewegen.

Soweit also zur Chronologiethematik und den damit verbundenen Problemen und Motivationen. Wenden wir uns nun der Hochzeit des Konstantin mit der Fausta zu.

IV. Heirat Konstantins mit Fausta

Als erstes fällt auf, dass man sich bei der Propagierung alle möglichen Mühen machte das Ereignis als schon lange geplant darzustellen! So behauptet der Anonymus der anlässlich der Hochzeit sprach, dass mit dieser Heirat nur ein schon vor Jahren gemachtes Verlobungsversprechen eingelöst worden sei:

> *„KAPITEL 5*
>
> *Deine Reife ist ja so groß, dass du, als dir dein Vater die Herrschaft hinterlassen hatte, dennoch mit dem Titel des Caesars zufrieden warst und lieber darauf warten wolltest, dass derselbe Mann, der jenen zum Augustus ernannt hatte, auch dich zum Augustus ernennen würde. Denn du warst ja der Meinung, dass eben dieser Herrschaftsrang um so vortrefflicher sein würde, wenn du ihn nicht als Erbgut aus dem Recht der Nachfolge angenommen, sondern als deinen Leistungen geschuldeten Lohn vom ranghöchsten Imperator erlangt hättest.*
>
> *KAPITEL 6*
>
> *(1) Ferner bestand ja kein Zweifel, dass derjenige dir diesen heiligen Gipfel göttlicher Macht frühzeitig zuerteilen würde, der dich von sich aus schon vor langer Zeit als seinen Schwiegersohn auserwählt hatte, noch bevor du ihn darum bitten hättest können. (2) Dies zeigt nämlich, wie ich höre, deutlich jenes Bild im Palast von Aquileia, das zur unmittelbaren Betrachtung durch die Tischgesellschaft angebracht ist, wo ein Mädchen, bereits durch seine göttliche Schönheit anbetungswürdig, doch seiner Last noch nicht gewachsen, einen Helm in*

---

[22] Rosen, 2013 S. 107-110.
[23] Aureus. RIC VI 294 Nr. 90: Constantinus P(ius) F(elix) Aug(ustus)/ Herculi comiti Augg(ustorum) nn(oostorum).

Händen hält und ihn dir, der du damals selbst noch ein Knabe warst, Konstantin, überreicht, welcher von Gold und Edelsteinen erstrahlt und von dem Federn eines schönen Vogels emporragen, auf dass dir, was kaum irgendwelcher Zierrat der Kleidung zu leisten vermag, das Verlobungsgeschenk noch größere Schönheit verleihe." (Paneg. VII/6 5, 3; 6, 1-2 ÜS Müller-Retting)

Interessanterweise betont der Anonymus auch die Bedeutung des tetrarchischen Systems gegenüber dem dynastischen Prinzip.[24] Während die Betonung des eingebunden seins in das tetrarchischen Systems als Zugeständnis an Galerius bewertet wird, wird die Erwähnung des dynastischen Prinzips als eine Warnung an Maximian, den die politische Macht innehabenden, Konstantin nicht zu verärgern verstanden.[25] Außerdem beschuldigt der Anonymus den namentlich nicht genannten Severus, durch eine das Reich gefährdende Politik, den Maximian zur Wiederaufnahme des Purpur gezwungen zu haben, wobei die Erhebung des Maxentius, wie auch die Existenz des Maxentius, tunlichst verschwiegen wird.[26]

Das hierdurch die erneute Machtergreifung des Maximian, der ja schließlich 305 n. Chr. zurückgetreten war, gerechtfertigt werden sollte, damit der an Konstantin verliehene Augustustitel Anspruch auf Legalität haben konnte ist wohl für jeden einsichtig. Im übrigen ist es offensichtlich, dass mit dem Gerede über die schon früh erfolgte Zuneigung des Maximian zu Konstantin und das darum gegebene Verlöbnis nur der tages- und machtpolitische Charakter der Ehe verschleiert werden sollte.

Die Ehe entsprang also der rein pragmatischen Hoffnung, dass der jeweils andere die eigenen Ziele (Konstantin Erhalt des Augustustitels, Maximian Rückkehr in die Politik und nach dem Zerwürfnis Niederwerfung des Maxentius) unterstützen würde. Dies wird schlussendlich dadurch ersichtlich, dass Konstantin Maximian als *senior Augustus* anerkannte und Maximian wiederum Konstantin zum *iunior Augustus* erklärte![27] Damit hatte Konstantin sein Ziel erreicht, er war nun Augustus im Westen.

Wenn Maximian hingegen gehofft hatte, mit dem Sohn seines ersten Caesars und frischgebackenen Adoptiv- und Schwiegersohn, eine leichter beeinfluss- und kontrollierbare Person als Maxentius gefunden zu haben, so musste er feststellen, dass er sich verrechnet hatte. Denn Konstantin war offensichtlich nicht gewillt für seinen Schwiegervater die Kartoffeln aus dem Feuer zu holen und wandte sich 308 n. Chr. zunächst gegen die Alemannen, anstatt, wie Maximian vermutlich erhofft hatte, gegen Maxentius zu ziehen.

---

[24] Paneg. VII (VI) 5,3.
[25] Schmitt, 2007 S. 126.
[26] Paneg. VII/6 10,1-11,8.
[27] Paneg. VII/6 5,3; Schmitt, 2007 S. 124.

Resümee

Wenn wir uns die antiken Zeugnisse ansehen, dann können wir erkennen, dass Konstantin, ab dem Moment da er die Insignien eines Caesars trug, danach strebte Augustus zu werden. Dies ist nicht weiter verwunderlich, war es doch die der Tetrarchie innewohnende Logik die Konstantin eben jene Machtposition in Aussicht stellte. Was wir naturgemäß nicht aus den Quellen erfahren können ist, ob er bereits vor seiner Caesarerhebung auf die Herrschaft hinarbeitete, wie es uns die spätere Propaganda weismachen möchte.

Maximian scheint ein Mann gewesen zu sein, der sich nur ungern von der einmal erhaltenen Macht trennen wollte und darum nur allzu gern bereit war, bei der erstbesten Gelegenheit, ins politische Geschehen zurückzukehren.

Wenn wir also unser Wissen um die Charaktereigenschaften des Konstantin und des Maximian zusammenbringen und die Hochzeit des Konstantin mit Fausta betrachten so erkennen wir, trotz aller Bemühungen den wahren Grund durch die Propagierung der enormen beiderseitigen Zuneigung zu verbergen, doch relativ klar, dass hier reines politisches Kalkül den Anstoß gab.

Der Ältere erhoffte sich, nachdem er mit seinem Sohn zerstritten war, sich einen zwar militärisch potenten, aber dennoch seinen Wünschen fügenden Verbündeten zu finden, der ihn in seinem Streben unterstützte. Der Jüngere sah sich, durch welche Gründe auch immer, dazu genötigt, wollte er sein Ziel, den Augustustitel, erreichen, die Regeln der Tetrarchie zu beugen und jemanden zu finden der rein formal über die Macht verfügte ihm das Ersehnte zu verleihen. Der eine hätte also ohne den anderen scheitern, der andere im besten Fall länger warten müssen. Nach der Verleihung des Augustustitels aber, war Maximian nicht mehr von besonderer Notwendigkeit für Konstantin, was er auch durch die Hintenansetzung seiner Interessen zu spüren bekam.

Bibliographie

Quellen

Sextus Aurelius Victor: *Die römischen Kaiser. Lateinisch-Deutsch.* Übersetzt von Kirsten Groß-Albenhausen, herausgegeben von Manfred Fuhrmann. Zürich, 1997.

Eutrop: *Breviarium ab urbe condita.* Herausgegeben von Wilhelm von Hartel. Berlin, 1872.

Lactanz: De mortibus persecutorum, in: Bibliothek der Kirchenväter, https://www.unifr.ch/bkv/awerk.htm [abgerufen am 23.5.2016].

Brigitte Müller-Rettig (Hrsg.): *Panegyrici latini. Lobreden auf römische Kaiser. Bd. 1: Von Diokletian bis Konstantin.* Darmstadt 2014.

Harold Mattingly, Edward A. Sydenham (Hrsgg.): *Roman Imperial Coinage.* London, 1923-1994.

Paulus Orosius: *Die antike Weltgeschichte in christlicher Sicht.* Übersetzt und Erläutert von Adolf Lippold, Zürich, 1986.

Anonymus Valesianus: *Excerpta Valesiana.* Übersetzt von Jaques Moreau. Leipzig, 1961.

Zosimos: *Neue Geschichte.* Übersetzt von Otto Veh, Herausgegeben von Stefan Rebenich, Stuttgart, 1990.

Literatur

Heinrich Chantraine: Die Erhebung des Licinius zum Augustus, in: *Hermes.* Bd. 110 1982 S. 477-487.

Elisabeth Herrmann-Otto: *Konstantin der Große.* Darmstadt, 2007.

Jörn Kobes: Maximian, in: Manfred Clauss (Hrgs.): *Die römischen Kaiser.* München, 1997 S. 272-275.

Frank Kolb: *Diocletian und die erste Tetrarchie. Improvisation oder Experiment in der Organisation monarchischer Herrschaft?* Berlin, 1987.

Frank Kolb: Die Gestalt des spätantiken Kaisertums unter besonderer Berücksichtigung der Tetrarchie, in: Francois Paschoud, Joachim Szidat (Hrsgg.): *Usurpationen in der Spätantike : Akten des Kolloquiums "Staatsstreich und Staatlichkeit", 6. - 10. März 1996, Solothurn, Bern.* Bern, 1997, S. 35-45.

Frank Kolb: *Herrscherideologie in der Spätantike.* Berlin, 2001.

Klaus Rosen: *Konstantin der Große. Kaiser zwischen Machtpolitik und Religion.* Stuttgart, 2013.

Oliver Schmitt: *Constantin der Große (275-337). Leben und Herrschaft.* Stuttgart, 2007.

BEI GRIN MACHT SICH IHR WISSEN BEZAHLT

- Wir veröffentlichen Ihre Hausarbeit, Bachelor- und Masterarbeit

- Ihr eigenes eBook und Buch - weltweit in allen wichtigen Shops

- Verdienen Sie an jedem Verkauf

Jetzt bei www.GRIN.com hochladen und kostenlos publizieren